奇奇和乐乐走在回家的路上，阵阵微风拂过，叶子慢慢飘落，旋转着欢快的舞蹈，他们感受到了秋天来临的信号。秋天到底藏在哪里呢？也许在金灿灿的稻子里，也许在红艳艳的枫叶下。

奇奇和乐乐刚走进家门，就看到奶奶递来两枝茱萸，一枝给了奇奇，一枝给了乐乐。奶奶笑着说：“今天是重阳节，把茱萸戴在头上，奶奶希望你们平安健康。”

奇奇开心地说道：“谢谢奶奶。原来今天是重阳节呀，我在唐代大诗人王维的诗里听到过。”乐乐跟着说：“这首诗我会背，‘遥知兄弟登高处，遍插茱萸少一人’。”

诗说科学

奇乐无穷

秋之赏

刘丽君 朱骏骅 编著 蒋雨雯 绘

湖南师范大学出版社

九月九日忆山东兄弟

[唐]王维

独在异乡为异客，
每逢佳节倍思亲。
遥知兄弟登高处，
遍插茱萸少一人。

茱萸

科学知识

茱萸是一种落叶小乔木，可分为芸香科的吴茱萸和食茱萸，山茱萸科的山茱萸和草茱萸。

吴茱萸生于温暖地带山地、路旁或树林下，可作为中药材入药，有散寒止痛、降逆止呕、助阳止泻的功效。

食茱萸主要分布于我国华东、华中、华南地区。历史上，食茱萸曾扮演重要的辛香角色，是六味中“辣”的主要来源。

山茱萸主要分布于北温带及亚热带地区。山茱萸的果实去核后，其果肉可入药。

草茱萸主要分布于我国黑龙江省和吉林省，株形优美，叶型奇特，花洁白，果实艳丽，可用作林下地被植物。

科学活动

自制香囊

材料：

茱萸粉、香料、毛毡或布料等、针线、无纺布袋(孔径＜50μm)

步骤：

①将毛毡裁剪成两片一样的形状。

②在爸爸妈妈的帮助下将两片布料缝合在一起，记得留一个能够放入填充物的小口。

③把茱萸粉和香料等填充物放入无纺布袋中作为内衬，再将其塞入香包中。

④最后把小口缝合。

吃了饭，奇奇、乐乐和爷爷去散步。走在乡间小路上，奇奇捡起一片红艳艳的枫叶，好奇地问：“为什么枫叶是红色的呢？”爷爷耐心地解答：“枫叶里面有一种叫作花青素的东西，天气一凉下来，它就会大显神威，枫叶就变成了红色。”

山行

[唐]杜牧

远上寒山石径斜，
白云生处有人家。
停车坐爱枫林晚，
霜叶红于二月花。

叶子小红脸

科学实验

变色花

材料：

带花茎淡色花1朵、杯子2只、1份红墨水、1份蓝墨水、纯净水、1把小刀

（请注意安全，使用小刀请在家长陪同下操作）

步骤：

①取2个干净的玻璃杯，分别倒入相同多的水，其中一个滴入红墨水，另一个滴入蓝墨水。

②取一支新鲜的淡色花，用小刀将花茎从中间剖开，但不断裂。

③将剖开的部分分别插入装有墨水的玻璃杯中，放置半小时，观察花瓣、花叶和花茎的颜色变化。

科学知识

树叶含有丰富的叶绿素，这使得叶子呈现为绿色，随着气温的降低和日照时间的减少，叶子里的叶绿素会慢慢变少，会让叶子变黄的叶黄素和其他色素开始显现，叶色就会变黄。枫叶里含有会让叶子变红的花青素，气温降低后花青素含量会变多，所以枫叶会变成红色。

知识拓展

树叶到秋天会变色是受到温度、光照强度和叶片中叶绿素、花青素等的含量和比例等因素的影响。这是植物对自然环境变化的一种反应，叶子中储藏着由光合作用产生的淀粉，深秋天气变冷，植物的输送作用减弱，由叶子中的淀粉转化而成的葡萄糖就留在树叶里，没有输送到植物的各个部分，葡萄糖增多和秋天的低温有利于花青素形成，树叶就会呈现黄色或红色。

第二天，奶奶带着奇奇和乐乐去采菊花。奇奇说：“菊花可真漂亮！”奶奶一边采菊花一边回应道：“菊花不但好看，而且晒干后还可以泡茶呢。喝菊花茶可以让你们的眼睛变得更明亮。”乐乐听后开心地说：“那我们可要多采一些回去。”他们边聊边采，像辛勤的小蜜蜂一样，不一会儿就把篮子装得满满的。

饮酒

［东晋］陶渊明

结庐在人境，而无车马喧。
问君何能尔？心远地自偏。
采菊东篱下，悠然见南山。
山气日夕佳，飞鸟相与还。
此中有真意，欲辨已忘言。

药用菊花

科学知识

菊花的功效

①可散风清热,平肝明目。用于风热感冒、头痛眩晕等症状。有镇静、解热作用。

②可增强毛细血管抵抗力，明显扩张冠状动脉，并增加血流量。

③菊苷有降压作用。可用于感冒风热、发热头昏等症状。

知识拓展

常见的药用菊花种类

①滁菊：安徽省滁州市特产，花期一般在9月到11月，有清热解毒、辅助降压、保养眼睛、提高睡眠质量的功效。

②贡菊：贡菊又名徽菊，花期一般在9月到11月，花朵雪白，花心呈黄色，富含维生素A，能缓解眼疲劳，维护眼睛健康。

③亳（bó）菊：安徽省亳州市特产，花期一般在9月到11月，朵大，色白，常被用来做成药枕，以健身避秽。

④杭菊：原产于浙江杭州，按颜色可分为白菊和黄菊，花期一般在10月到12月，可用于疏散风热、平肝明目、眩晕惊风。

几天后，奇奇、乐乐和姐姐去树林里玩。奇奇看着地上的落叶，问道：“为什么叶子会落下来呢？”姐姐笑着说：“当天气开始变冷时，树木里的水分容易蒸发，为了安全过冬，适应低温干燥的天气条件，树叶就都掉了下来。”

奇奇和乐乐明白了，原来落叶是在为树木过冬做准备呀。

已亥杂诗（其五）

[清]龚自珍

浩荡离愁白日斜，
吟鞭东指即天涯。
落红不是无情物，
化作春泥更护花。

落叶的秘密

科学知识

落叶的原因

①内因：叶片经过一定时期的生理活动后细胞内积累了大量的代谢产物，如矿物质积累，引起生理功能衰退而死亡（叶绿素被破坏）。

②外因：天气变冷，土温降低，雨水减少，根系所提供的水分变少，而落叶可以减少蒸腾，减少水分的消耗，有利于植物在寒冷和干旱季节生存。

知识拓展

种类	举例	适应气候	落叶时间
落叶植物	银杏、梧桐、杨树、柳树等	寒冷、干燥	寒冷或干燥季节到来时，叶同时枯死脱落
常绿植物	雪松、侧柏、香樟、紫竹等	温暖、湿润	春夏季时，新叶萌发后老叶逐渐脱落

晚上回到家，奇奇、乐乐指着院子里一闪一闪的萤火虫问爷爷：“爷爷，你看你看，它们是怎么发光的呢？”爷爷说：“萤火虫发光呀，其实是因为在它们的身体里，藏着一种神奇的物质，叫作荧光素，荧光素在发生变化的时候，就会使萤火虫发光。”

秋夕

[唐]杜牧

银烛秋光冷画屏，
轻罗小扇扑流萤。
天阶夜色凉如水，
坐看牵牛织女星。

神奇的光

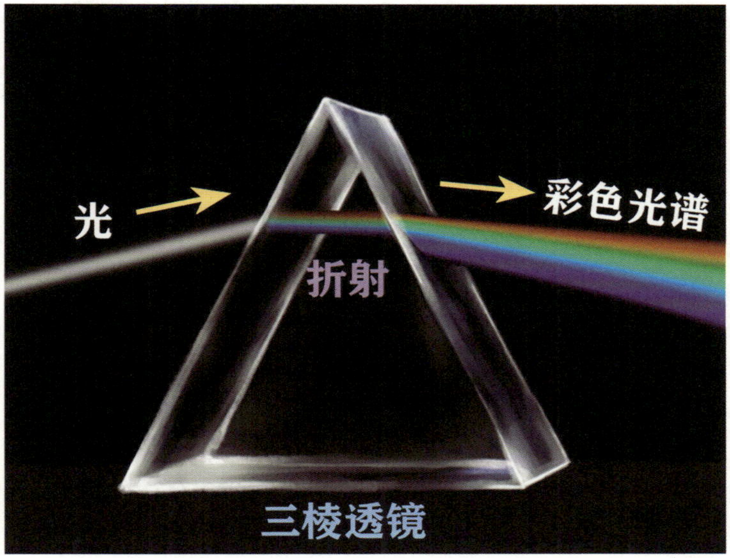

科学知识

什么是光源

光的种类有很多，比如阳光、灯光、烛光等，这些光在日常生活中发挥着不同的作用，自己可以发光的物体叫作光源，例如生活中常见的点燃的蜡烛和点亮的电灯；但镜子、月亮、阳光下的路面等，是依靠反射发光的，就不能称为光源。

知识拓展

我们肉眼所见的光，常态下呈现为白光，实则是由红、橙、黄、绿、蓝、靛、紫七种单色光复合而成的混合光。当白光入射至三棱镜，会因不同单色光折射程度差异，发生色散现象，被“分解”为绚丽的彩色光谱，使光隐藏于白色表象下的色彩构成奥秘直观呈现出来。

萤火虫的腹部末端下方有能够发出亮光的器官，人们把它叫作“发光器”。大多数种类的萤火虫都有发光器，从卵孵化而来的萤火虫幼虫也会发光。雄性萤火虫通常有着两节发光器，而雌性萤火虫只有一节发光器。

奶奶喊奇奇和乐乐进来吃月饼，乐乐看着天上的圆月问奶奶：“为什么月亮有时候像一艘弯弯的小船，在星河里游荡；有时候又像玉盘，高高地挂在天上呢？”奶奶慈祥地回答道：“其实，月亮一直是圆的。我们看到的只是月亮被照亮的部分。”

水调歌头

[宋]苏轼

明月几时有？把酒问青天。
不知天上宫阙，今夕是何年。
我欲乘风归去，又恐琼楼玉宇，高处不胜寒。
起舞弄清影，何似在人间。
转朱阁，低绮户，照无眠。不应有恨，何事长向别时圆？
人有悲欢离合，月有阴晴圆缺，此事古难全。
但愿人长久，千里共婵娟。